Soul of Lisbon

GUÍA DE LAS 30 MEJORES EXPERIENCIAS

AUTORAS: FANY PÉCHIODAT
Y LAURIANE GEPNER
ILUSTRACIONES: COLINE GIRARD
FOTOS: PAULA FRANCO @LISBONBYLIGHT
FOTO DE PORTADA: ANDREA NUÑEZ @ANDREANNU

EDITORIAL JONGLEZ

guías de viaje

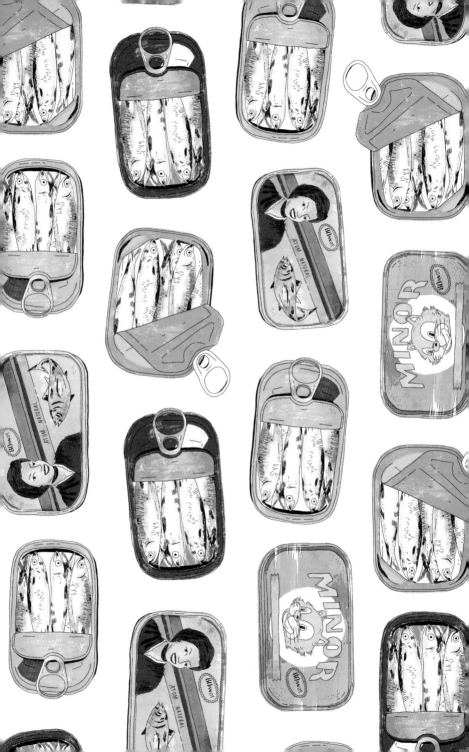

"DURANTE MUCHO TIEMPO
MANTUVIMOS ENTRE NOSOTROS
ESTA CONTRASEÑA: LISBOA.

SI NUESTRA AVENTURA SALÍA MAL,
LA CIUDAD BLANCA SERÍA NUESTRA
TOMA DE TIERRA".

EN ESTA GUÍA
NO VAS A ENCONTRAR

- El itinerario del tranvía 28
- La ubicación del ascensor Santa Justa
- La cena-fado más turística

PERO,
SÍ VAS A ENCONTRAR

- Setas alucinantes (a falta de ser alucinógenas)
- Un cóctel que te hará viajar en el tiempo
- El placer de correr tras las nubes
- Una fiesta tan grande como un palacio
- Cincuenta tonos de verde en medio de la ciudad
- El intríngulis del bacalao
- El número de móvil del librero llegado de otra galaxia
- Una cena clandestina
- La palmera que hará que tomes un avión
- Dónde brindar con un veterano

Esta guía no es exhaustiva ni tiene intención de serlo. Para eso, ya hay otras guías...

Nuestra elección se opone a la híper-variedad. En vez de proponerte miles de ideas que no tendrás tiempo de explorar en pocos días, hemos seleccionado 30 para ti. Evidentemente, era muy tentador subir a 40, 50... Pero no, la consigna era: nada de desvíos. Así que hemos recorrido Lisboa sin contar nuestros pasos, hemos subido y bajado sus colinas, hablado con gente con la que nos hemos cruzado, comido todo lo que la ciudad tenía de comestible, bebido algunos néctares (guiados por la profesionalidad), explorado sus esquinas y recovecos, calles y callejones...

Y hete aquí, con el fruto de nuestro trabajo entre tus manos. Una selección de 30 experiencias para que saborees Lisboa, la conozcas a fondo y – esperemos – la quieras.

LOS SÍMBOLOS DE
"SOUL OF LISBON"

< 10 euros

De 10 a 40 euros

> 40 euros

Se atiende
por orden
de llegada

Se aconseja
reservar

100 % lisboeta

Algunos dicen que es magnética, otros la comparan con una anciana que ha perdido casi todos sus anillos pero que ha conservado su buen aspecto. Tal vez la verdad esté, como suele pasar, donde convergen la historia, los recuerdos y los sueños, los colectivos y los personales. En algún lugar en un tranvía que traquetea, surcando épocas y colinas, en el pasado rosado de una fachada de Mouraria, despertado por un rayo de sol que pasaba por ahí, en el corazón latiente de la ciudad, el Chiado, en la insolencia de Graça o en la majestuosidad de Belém. En los miradouros situados en lo alto de la ciudad. En el Tajo, al fin, que da al océano por el que las grandes exploraciones portuguesas de los siglos XV-XVI salieron, y por el que regresaron.

Lisboa se parece al movimiento de esas olas, deslizándose entre la orilla y alta mar. ¿Estás en una capital imprescindible de la escena start-up, una ciudad joven y creativa, experta en tecnología, que mira al futuro? ¿O en una de las ciudades europeas más antiguas, llena de azulejos que te miran con sus miles de ojos azules sin pestañear desde hace varios siglos? Estás en las dos. Lisboa se sabe mover entre épocas, pasa del pasado al futuro cercano entre una puerta y otra. Ahí, una cafetería de líneas claras, alumno modelo de Instagram, aquí una tienda que existe desde 1789 y donde se fabrican velas antiguas, hoy como ayer, como mañana. O tal vez no: el destino de Lisboa preocupa. Las tiendas antiguas están cerrando, las fachadas revocadas hacen que la Lisboa de ayer se vaya borrando de a poco.

Sin embargo, hay una cosa que no va a cambiar en Lisboa. Su luz. Tan particular que Lisboa podría despertar en cualquiera de nosotros la locura de no dejarla nunca o de dejarlo todo por ella. Esa luz tan suya viene de la reverberación del agua del Tajo, al que llaman "Mar de la Paja" por sus reflejos dorados. Una luz que golpea los adoquines blancos, que salpica todo a su paso – y las fachadas bailan con ella como sombras chinescas. Lisboa está escrita en esa luz eterna, de la que una lisboeta nos dijo: "No he visto una luz igual en ningún otro lugar. Mis días preferidos son los días grises: los adoquines son de un blanco tan puro que dan una sensación de volumen infinito". Y luego añadió, "Lisboa es un poema que hay que leer". Y nosotros añadiríamos "y descubrir". Comprobado 30 veces.

30 EXPERIENCIAS

19c

28b

19b

BAIRRO ALTO

BAIXA CHIADO

Alfama

Ponte
DE ABRIL

Almada

01

EL CHEF QUE SOLO
COCINA SETAS

A quien se autoproclama dueño del "templo de las setas" más le vale tener sólidos argumentos. Por ello que no quede: en este restaurante escondido en la primera planta de un edificio industrial, el chef rinde culto a las setas... Desde los entrantes a los postres, de los raviolis de setas tiernas a la crème brûlée con trufa, acabarás creyendo que el paraíso de la seta realmente existe – y que estás en él. Un secreto a pasarse clandestinamente entre apasionados de las setas.

SANTA CLARA DOS COGUMELOS
MERCADO DE SANTA CLARA
CAMPO DE SANTA CLARA,
1100-472 LISBOA

MAR – VIE: 19:30 – 23:00
SÁB: 13:00 – 15:00 19:30 – 23:00

DOM: 19:30 – 23:00
LUN: CERRADO

+351 913 043 302

02

UNA SOLA
MESA

18 m^2, 3 chefs, una sola mesa, 10 sillas, 1 menú, 5 platos. Estas son las cifras. ¿Y la comida? La prepara delante de ti la brigada del chef André Lança Cordeiro, con un menú de cinco platos capaz de tumbar al reducido grupo de comensales. Una cocina rigurosa que reinterpreta los clásicos portugueses estimulándolos con influencias de otras partes. Como solo hay una mesa tal vez hagas nuevos amigos. Es lo que se llama matar dos pájaros de un tiro y, de paso, deleitarse. Es obligatorio reservar.

CRÉDITOS: JOÃO MIGUEL SIMÕES

LOCAL
RUA DE O SÉCULO 2046F
1200-435 LISBOA

TODOS LOS DÍAS
19:30 – 00:00

2 servicios
+351 925 675 990

LIBRERÍA DE BOLSILLO:
3,8 M², 3 000 LIBROS

En otra vida, Simão Carneiro era enólogo. Desde 2008, se pasa los días en un antiguo estanco que ha transformado en una minúscula librería. En su interior hay más de 3 000 libros de segunda mano pegados los unos a los otros, que se venden desde 1 € hasta 1 000 € para las obras más raras. El local es tan pequeño que solo puede entrar una persona a la vez. Lo esencial está en otro sitio, entre las páginas de estos libros que su propietario ha reunido con tanta pasión.

Importante: la iniciativa es poética, al igual que los horarios de apertura. Llama a Simão antes de ir no vaya a ser que te encuentres la puerta cerrada.

 LIVRARIA SIMÃO
ESCADINHAS DE SÃO CRISTÓVÃO 18
1100-213 LISBOA

LUN – VIE: 09:30 – 19:00
SÁB: 09:30 – 15:00

+351 961 031 304

Não sei.

Falta-me
um
sentido,
um
tacto

LX FACTORY
R. RODRIGUES DE FARIA, 103
1300-501 LISBOA

Ver los horarios de las tiendas en lxfactory.com

04

LX FACTORY,
MINI CIUDAD CREATIVA

Bajo el puente 25 de Abril, una de las mayores fábricas textiles de la ciudad ha sido transformada en un laboratorio de arte contemporáneo. 23 000 m² de creatividad destilada en los estudios de artistas, en los cafés, talleres y tiendas. Bienvenido al Brooklyn lisboeta.

LANDEAU
Distribuidor oficial del «mejor pastel de chocolate del mundo» según el New York Times. El pastel en cuestión juega con texturas, calma el ansia de azúcar con un toque de amargura…. Decirte más sería estropearte la sorpresa.

THE THERAPIST
Joana, la dueña, está entregada al cuidado del cuerpo y del alma. Para el primero, con un restaurante con comida orgánica, equilibrada y deliciosa. Para el segundo, con un local donde se ofrecen tratamientos (masajes, naturopatía e incluso «biblioterapia» con los amigos de Ler Devagar).

LER DEVAGAR
Los libros ocupan estanterías que van desde el suelo hasta el techo. Aquí te puedes tomar un té en medio de la librería, escoger una novela, y leer dejando pasar las horas.

RIO MARAVILHA
En el cuarto piso del edificio principal, el excomedor de los trabajadores de la antigua fábrica sirve hoy una cocina festiva y unos cócteles de los que sentirse orgulloso.

LER DEVAGAR

RIO MARAVILHA

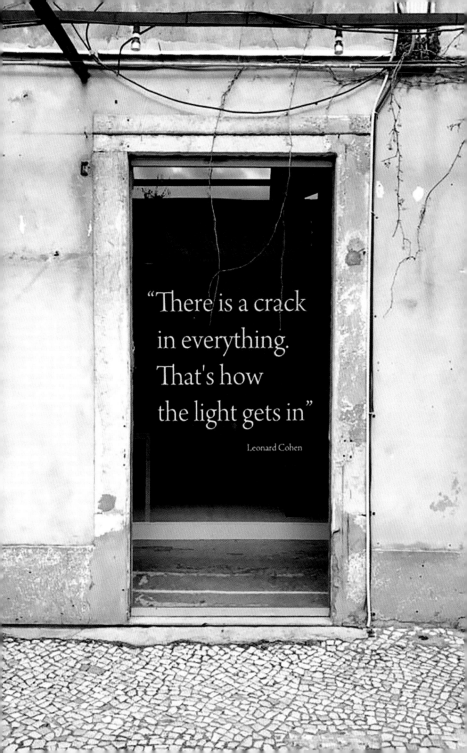

PARA LOS FANÁTICOS
DEL BACALAO

Para comprender el lugar que ocupa el bacalao en la cocina portuguesa hay que empezar por este dicho popular:

- "Hay 1 000 maneras de cocinar el *bacalhau*".
- "¡Ah, no, 1 001! También está mi receta".

Y vaya que ha encontrado su lugar, el bacalao, en esta tienda de exquisiteces abierta desde el siglo XIX. Por un lado, los quesos, el vino y la charcutería. Por otro, el mejor bacalao pescado en las costas islandesas, tratado con distintos tiempos de salazón (de 6 a 20 meses). Vendido al peso; cortado delante de ti.

MANTEIGARIA SILVA
RUA DOM ANTÃO DE ALMADA, 1
1100-373 LISBOA

LUN – SÁB: 09:00 – 19:30
DOM: cerrado

06

PISTA DE *RUNNING* DE 400 METROS **EN UNA AZOTEA**

Entra en el hotel, dirígete al ascensor con paso seguro, dale al botón -1. Cuando llegues al spa, compra una entrada para todo el día. Cámbiate, coge el ascensor de nuevo y sube a la planta 11. Espejismo frente al Tajo, una pista de running ahí, en el tejado. Para correr bajo el sol, retar a las nubes, con las piernas al aire, la mirada abrazando Lisboa a 360°. Simplemente mágico*.

*Como la magia es bastante cara, esta pista de running 5 estrellas sería perfecta para regalo. La entrada para un día incluye el uso del gimnasio y del spa. Te garantizamos que no te vas a arrepentir (o la persona a quien se lo regales).

CRÉDITOS: FOUR SEASONS HOTEL RITZ LISBON

FOUR SEASONS HOTEL RITZ LISBON
R. RODRIGO DA FONSECA 88
1099-039 LISBOA

Acceso al gimnasio y a la pista:
TODOS LOS DÍAS: 06:30 – 22:30

07

EL CEVICHE
DE UNA VIDA

Memoriza bien este nombre: Kiko Martins. Cabeza de cartel de la comida lisboeta. En su Cevicheria, bajo la protectora mirada de un pulpo gigante que cuelga del techo, la brigada se activa. Ahí los tienes cortando, rebanando, laminando los pescados antes de transformarlos en ceviche. Desde el ceviche de pescado blanco acompañado de puré de batata, aderezado con algas y leche de tigre, hasta el ceviche de atún bañado en una salsa de coco, lemongrass y kéfir, una cosa está clara: los ceviches de Kiko están para chuparse los tentáculos.

Único inconveniente: no se puede reservar. Considera la opción de ir fuera del horario de alta demanda o de ir al otro restaurante de Kiko Martins, "O Surf & Turf" en Time Out Market. El menú es prácticamente el mismo, la cola de espera bastante menos impresionante. Un secreto bien guardado (por ahora).

 A CEVICHERIA
RUA D. PEDRO V, nº 129 PRÍNCIPE REAL
1250-095 LISBOA

 O SURF & TURF
(TIME OUT MARKET)
AV. 24 DE JULHO 49
1200-479 LISBOA

TODOS LOS DÍAS: 12:00 – 00:00

DOM – MIÉ: 10:00 – 00:00
JUE – SÁB: 10:00 – 02:00

08

APERITIVO
EN LAS ALTURAS

Lisboa es popularmente conocida como "la ciudad de las siete colinas", lo que en la práctica significa que: 1) si la exploras bien, tus piernas lo recordarán y 2) que a la hora del aperitivo vespertino la mejor recompensa es tomar altura y subir a los tejados, cóctel en mano. La azotea, cual eco contemporáneo de los *miradouros* de la ciudad que miran Lisboa extenderse hasta el Tajo...

Desde lo alto de su tejado de aparcamiento, PARK ha lanzado la moda de las azoteas en Lisboa. Ir es constatar que, aunque ya no sea tan difícil encontrarlo, nada tiene que envidiar a la competencia. Caipiriña *on point*, buena música y vistas sobre Lisboa a 180°. Nuestro consejo: llega temprano para no quedarte de pie.

 PARK
CALCADA DO COMBRO 58
1200-115 LISBOA

MAR – SÁB: 13:00 – 02:00

09

LA GUARIDA SECRETA DE
LOS CANTANTES DE FADO

Primero, esa pesada puerta de madera azul con empuñadura dorada. Magistral, intimidante, que uno intenta abrir antes de darse cuenta de que hay que llamar al timbre. Alguien nos abre. Es aquí, en la oscuridad de este palacio del siglo XVIII decorado de azulejos antiguos donde los cantantes de fado se dan cita tras hacerse oír en otros lugares.

Los músicos llegan a su guarida a cuentagotas. Hacia las once de la noche, un fadista canta la saudade, acompañado de dos guitarristas, uniendo los gestos a su voz, con la emoción en la mirada… Minutos después suena otra voz, otros músicos, pero siempre el mismo estremecimiento: el fado. Y el espectáculo prosigue hasta que el sueño vence. A veces hasta las 2 de la madrugada, otras, hasta el alba.

 MESA DE FRADES
R. DOS REMÉDIOS 139
1100-304 LISBOA

LUN – SÁB: 20:30 – 02:00

MESA DE FRADES

PRADO
TRAVESSA DAS PEDRAS NEGRAS, 2
1100-404 LISBOA

MIÉ – SÁB: 12:00 – 15:30 / 19:00 – 02:00
DOM: 12:00 – 17:00
LUN – MAR: cerrado

+351 21 053 4649

10

EL TEMPLO DE LA *NOUVELLE CUISINE* PORTUGUESA

Prado significa lo mismo en portugués y en español. Y es hacia allá donde mira la cocina del chef Antonio Galapito, alias la estrella ascendente del Portugal comestible. Tras aprender con el chef Nuno Mendes en Londres, firma, en su restaurante lisboeta, una cocina libre e inspirada en la tendencia "de la granja a la mesa". Productos procedentes de todo el país, platos cuya composición cambia todos los días según la temporada y el humor del chef... Una sola constante: el sabor del Portugal de hoy.

- ANTONIO GALAPITO -

CHEF DE PRADO

¿Cuál el primer recuerdo que tiene de la cocina?

Nací cerca de Sintra, donde el cochinillo asado es una especialidad. Tal vez se me hace más la boca agua con su olor que con su sabor... Mi madre lo asaba en el horno de leña y podíamos oler los diferentes aromas: el ajo, el pimentón, el vino blanco, la pimienta negra.

¿Lo sirve en Prado?

A veces, pero es algo más técnico: con un horno normal y de 7 a 8 horas de cocción. También lo servimos de manera diferente a la receta tradicional: la carne, la salsa y... ya. Nada de guarnición.

La carne es tan tierna que no necesita nada más.

¿Cuándo supo que quería ser chef?

A los 14 años, era malísimo en el colegio. La cocina no me apasionaba, no me gustaba especialmente comer, de hecho, un buen filete era para mí un filete bien hecho, así que ya ve... Fue entonces cuando mi madre me sugirió que optase por una escuela de cocina. Fui y ya no lo pude dejar.

¿Y si se dedicase a otra cosa...?

No me veo haciendo otra cosa, no. ¿Tal vez granjero cuando tenga 60 años?

LA ENTREVISTA

¿Prado es un restaurante portugués?

Sí, ya que todos nuestros productos (salvo el azúcar) proceden de productores agrícolas de todo el país. Es nuestra norma y es así como elaboramos el menú, que cambia un poco cada día en función de las provisiones y de las ganas. Cuando vemos pescados frescos,

siempre preguntamos si provienen de aguas portuguesas. Y si no es así, no los cogemos.

¿Su debilidad gastronómica a la carta?

Cada día es distinto, pero hay platos que siempre están y su composición varía muy poco. Uno de mis favoritos (¡o tal vez mi favorito!) es el pan, que servimos con un paté de mantequilla de leche de cabra, sal gorda ahumada, manteca de cerdo, ajo y mermelada de cebolla caramelizada... No me canso nunca.

¿Un dato curioso de la cocina portuguesa?

Los portugueses siempre han sido grandes viajeros. ¿Sabía que fueron ellos los que exportaron la *tempura* a Japón? Y de sus expediciones trajeron el yuzu, que ahora crece en Portugal. En los fogones de Prado, lo usamos en lugar del limón: te transporta enseguida a otro lugar.

ANTONIO GALAPITO

PALÁCIO BELMONTE
CRÉDITOS: MARKO ROTH

11

UNOS AZULEJOS PORTUGUESES
PARA LLEVAR

Si por ver azulejos por todas partes, te están dando ganas de ver algunos... en tu casa, dirígete a esta tienda, donde se toman las cosas en serio y en familia. De 1970 a 2013, la empresa de Joaquim José Cortiço vendía grandes colecciones de azulejos. Sus cuatro nietos tomaron el relevo en 2016.

Aquí puedes encontrar azulejos antiguos de fábricas que han cerrado. Algunas de ellas están a punto de desaparecer y les quedan algunos azulejos. Al comprarlos ejerces un consumo responsable: la tienda hace las veces de asociación cuya labor es preservar y dar a conocer la colección de azulejos.

📍 **CORTIÇO & NETOS**
RUA MARIA ANDRADE
37D 1170-217 LISBOA

LUN – SAB: 10:00 – 19:00
DOM: cerrado

CORTIÇO & NETOS

RESTAURANTE
PONTO
FINAL

PONTO FINAL
 CAIS DO GINJAL 72
CACILHAS
2800-284 ALMADA

TODOS LOS DÍAS: 12:00 – 23:00
MAR: cerrado

+351 21 276 0743

12

PESCADO A LA BRASA
EN PONTO FINAL

Un pequeño paseo en barco de quince minutos y ya estás en Cacilhas, al otro lado del Tajo. Coge la mesa que está al final del muelle, la que mira a Lisboa. El rumor del agua, la luz de las últimas horas del día, la sencillez de un pescado fresco a la parrilla, servido únicamente con limón… Si esto no es la felicidad, estás muy cerca.

A VIDA PORTUGUESA
LARGO DO INTENDENTE PINA MANIQUE 23
1150-017 LISBOA

TODOS LOS DÍAS: 10:30 – 19:30

13

EL MEJOR
CONCEPT STORE
DE LISBOA

Es como estar en Real Fábrica Española. Este concept store, el más grande de los cuatro espacios creados por Catarina Portas, tiene los mejores productos portugueses. A saber, 500 m² que recorres de sala en sala, empezando por el salón, donde las mantas de lana despiertan las ganas de siesta, para luego desviarte a la cocina, entre cerámicas y productos gourmet, antes de echar un ojo a los artículos de papelería y a los ungüentos. Todo ha sido cuidadosamente seleccionado y maravillosamente colocado. Te retamos seriamente a que salgas de aquí con las manos vacías.

FOTO ; CHIADO

14

PASAR UNA NOCHE
EN SANTA CLARA 1728

Hay lugares que escapan al paso del tiempo, a las modas y a las palabras. El hotel Santa Clara 1728 es uno de ellos. Entre los muros de un antiguo palacio del siglo XVIII, seis habitaciones y una mesa de huéspedes, como salido de un sueño minimalista, que conjugan el blanco, el beis, la madera blanca y la piedra de época. Fuera, en el mundo exterior, no puedes evitar mirarlo. Tras las grandes puertas de Santa Clara o frente a las ventanas que dan al Panteón, en estas habitaciones donde nada es superfluo, el silencio existe, el espíritu se calma, vaga, el alma viaja... Una definición del lujo.

CRÉDITOS: NELSON GARRIDO

SANTA CLARA 1728
CAMPO DE SANTA CLARA 128, RC
1100-473 LISBOA

TODOS LOS DÍAS: 12:30 – 00:00

SANTA CLARA 1728
CRÉDITOS: PIERRE VERDOUX

- JOÃO RODRIGUES -
A LA CABEZA DE LAS CASAS SILENT LIVING

João Rodrigues hace malabarismos con la elegancia.. Además de ser piloto comercial, gestiona cuatro casas de huéspedes de excepción en Portugal, como Santa Clara 1728 en Lisboa. Encuentro durante un desayuno antológico.

me conquistaron. A un lado, el Panteón, al otro, el monasterio y el convento de San Vicente, el Tajo al fondo. Sabía que tenía que vivir aquí y abrir una casa de huéspedes, en este barrio antiguo entre Alfama y Graça.

¿De dónde le vino el deseo de abrir estas casas?
Cuando era pequeño, la casa de mis padres siempre estaba abierta, llena de gente. ¡De ahí me inspiré!

¿Cuál es la historia de Santa Clara 1728?
La primera vez que vi este palacio, estaba en obras. Subí a la fachada y ahí... las vistas

CRÉDITOS: NELSON CARRIDO

¿Cómo define la filosofía "Silent Living"?

Esta filosofía impregna Santa Clara, cuyos grandes volúmenes recuerdan a los antiguos monasterios. Respetar la arquitectura y los materiales tradicionales, conseguir con ellos una estética minimalista, crear una atmósfera que recuerda al hogar familiar... Y en el núcleo de esta filosofía reside la idea de dejar afuera el ajetreo del mundo y las obligaciones, todo lo que pueda perturbar la serenidad.

¿Qué visión tiene de Lisboa?

El Tajo abraza la ciudad, la recibe con los brazos abiertos. Es lo que más me emociona de la ciudad, su vínculo con el agua. Y para mí, que siempre estoy viajando por mi trabajo, Lisboa es esta casa... que me abre los brazos cada vez que regreso.

¿Sus lugares favoritos?

El Museo Gulbenkian, sus jardines creados por los mejores paisajistas de Portugal. También me gusta Belém, aunque haya cambiado con los años. Cuando intento volver a un sitio, con el que me gustaría reconectar a través de mis recuerdos, ya casi es imposible: ha cerrado, lo han transformado...

¿Es eso la *saudade*?

Sí. Está ligada a nuestra historia, a la época de los grandes descubrimientos de los siglos XV-XVI. La gente se iba, no sabías nunca si iban a volver. De ahí viene esa falta, esa nostalgia: una emoción poderosa.

¿Un último secreto lisboeta?

El mejor momento para disfrutar de la ciudad es... febrero. Hay menos gente en las calles, el tiempo pasa mucho más despacio y la luz sigue siendo igual de preciosa.

15

PALACIO DE AYER, **FIESTAS DE HOY**

Imagínate un gran palacio levemente deslustrado donde (casi) todos los días hay fiesta – y en todas las plantas. En la primera, una fiesta donde el DJ se divierte tanto como los que han venido a bailar la música pop, soul, disco... Y desde el bar hasta la terraza, con amplias salas que alojan espacios diferentes donde se puede hablar en un ambiente íntimo, el palacio, gestionado por una asociación, juega a ser un oasis para espíritus libres y curiosos.

Echa un vistazo a la programación (conciertos, DJ sets, proyecciones), y llega antes de las once de la noche si no quieres arriesgarte a ver la fiesta... desde la ventana. Último consejo: la presión inmobiliaria es tal que el palacio corre el riesgo de desaparecer. Pásate por allí antes de que sea demasiado tarde.

CRÉDITOS: MARTA PINA

CASA INDEPENDENTE
LARGO DO INTENDENTE PINA MANIQUE
1100-285 LISBOA

MAR – JUE: 17:00 – 00:00
VIE – SÁB: 17:00 – 02:00

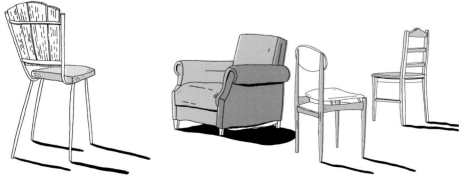

16

COMERSE
UNA BIFANA

La *bifana* es para los portugueses lo que el pincho de tortilla para los españoles. Una solución fácil, rápida, barata y con pocas probabilidades de que te decepcione. Entre dos rebanadas de papo seco (el pan portugués), unos filetes de lomo muy finos, marinados al vino blanco, zumo de limón, hojas de laurel, pimentón, ajo y regados con el jugo de su propia cocción. Le das una untadita de mostaza para un toque de sabor extra y terminas con unas copas de vino. Y si lo tuyo es la gula, te recomendamos el leitão, un bocadillo de cochinillo asado típicamente portugués.

 €

Para la bifana:
AS BIFANAS DO AFONSO
📍 **R. DA MADALENA 146 1100-340 LISBOA**

LUN – VIE: 07:30 – 19:30
SÁB: 08:30 – 13:30
DOM: cerrado

Para el *leitão*:
NOVA POMBALINA RUA DO COMERCIO, 2 1100-321 LISBOA

LUN – SÁB: 07:30 – 19:00
DOM: cerrado

NOVA POMBALINA

- FELIPA ALMEIDA Y ANA ANAHORY -

¿Qué opinan de la artesanía del Portugal de hoy?

Se está suscitando un creciente interés en los jóvenes de aquí y en los extranjeros que llegan y miran la artesanía con entusiasmo, sin ideas preconcebidas. Cosa que nos alegra porque la mayoría de los artesanos de la generación anterior que hemos conocido en el marco de nuestros proyectos dicen que pocos jóvenes quieren aprender lo que ellos les pueden transmitir. Esto está cambiando.

¿Cómo comienzan un proyecto que les han encomendado?

En nuestros proyectos integramos casi exclusivamente muebles y materiales portugueses. Cuando empezamos un trabajo buscamos siempre artesanos. Lo gracioso es que la mayoría con los que intentamos contactar no tienen correo electrónico. Para dar con ellos a veces tenemos que viajar a lugares remotos, a la otra punta del país.

¿Cómo aúnan la tradición portuguesa y los códigos actuales?
A los artesanos tradicionales les pedimos que les den una vuelta a sus creaciones, adaptando los motivos o dibujos, integrando en ellas colores originales. Es un proceso que tiene su riesgo o sus sorpresas, ¡pero es lo que nos gusta!

¿Y su opinión de la escena creativa lisboeta?
Está despertando, hay nuevas galerías de ilustración en talleres de cerámica contemporáneos... Y nos alegramos mucho porque son más personas con las que colaborar.

¿Lisboa es una fuente de inspiración?
A diario. Caminamos mucho por la ciudad, nos colamos en los portales y en las tiendas antiguas para comprender el trabajo realizado en los materiales de época. ¡Y siempre sacamos fotos a mujeres mayores detrás de viejos mostradores! La inspiración no está en Instagram: de hecho, es lo que intentamos explicar a nuestros clientes...

¿Un lugar de imprescindible visita?
El barrio de moda, Marvila, lleno de galerías, estudios de jóvenes artistas y talleres de artesanos. Y, en otro estilo totalmente diferente, el Palácio dos Marqueses de Fronteira que descubrimos hace poco, un pabellón de caza del siglo XVII adornado con magníficos azulejos.

BAIRRO DO AVILLEZ

PÁGINA SIGUIENTE:
BECO CABARET GOURMET
DISEÑADO POR EL ESTUDIO ANAHORY ALMEIDA

17

JUGAR A LOS
DIGITAL NOMAD EN LISBOA

Al lado del mar, coste de vida decente y porcentaje de sol que desafía toda competencia: tres razones que hacen de Lisboa la capital favorita de los *freelancers*. Para saborear esta vida de digital nomad, coge dos o tres cosas y vente a trabajar aquí una semanita.

Nuestro consejo: deja tu ordenador en las oficinas de Second Home. Situado encima del Mercado da Ribeira, este increíble *coworking* es casi un espejismo. Imagínate un ambiente de estudio, en un espacio de más de 1 000 m² repleto de plantas. Trabajar en el trópico, ir a comer en el Time Out Market, terminar el día con un aperitivo vespertino a orillas del Tajo... Tentador, ¿no? El único riesgo de esta experiencia: querer prolongarla indefinidamente.

CRÉDITOS: IWAN BAAN

SECOND HOME
MERCADO DA RIBEIRA
📍 **AVENIDA 24 DE JULHO**
1200-479 LISBOA

| LUN - VIE: 07:30 - 00:00 | Estancia de 1 semana: 130 € |
| SÁB - DOM: 12:00 - 18:00 | Estancia de 1 mes: 250 € |

18

CANTINA
MESTIZA

Abróchate el cinturón, salida inmediata hacia una de las antiguas colonias portuguesas: Mozambique. En su pequeño restaurante, la chef Jeny Sulemange deleita con una cocina que causa el mismo efecto que un abrazo. En la práctica, samosas de ternera (que no puedes parar de comer), gambas sin pelar a la plancha, aliñadas con limón y cilantro, pollo con salsa de cacahuete y arroz con coco, ligeramente perfumado; una delicia. No podrás evitar decir Kanimbambo (gracias) cuando pases por delante de la cocina.

CANTINHO DO AZIZ
R. DE SÃO LOURENÇO 5
1100-530 LISBOA

TODOS LOS DÍAS: 12:00 – 23:00   +351 21 887 6472

19

UNA CENTOLLA
CON CUCHARA

Para degustar la centolla a la lisboeta, un consejo: olvídate de tu dignidad. Te presentan al bicho antes de cocinarlo. Cuando llega la centolla, empieza el espectáculo. Coger el martillo, romper la carcasa e ir sacando la carne, sumergirla en la deliciosa salsa preparada con una mezcla de mayonesa, mostaza, huevo, perejil, miga de pan y una pizca de pimienta, extender la mezcla en una rodaja de pan tostado ya generosamente untado de mantequilla. Una delicia con la que te arriesgas a acabar con un poco de centolla en el pelo o en la camiseta. Quedas avisado.

Si lo tuyo no es la paciencia, opta por una de las marisquerías (marisqueiras) en las que se puede reservar, Nune's Real Marisqueira o O Relento.

CERVEJARIA RAMIRO
📍 AVENIDA ALMIRANTE REIS,1 – H
1150-007 LISBOA

MAR – DOM: 12:00 – 13:00

NUNE'S REAL MARISQUEIRA
R. BARTOLOMEU DIAS 112
1400-031 LISBOA

MAR – DOM: 12:00 – 00:00
+351 21 301 9819

O RELENTO
AV. COMBATENTES DA
GRANDE GUERRA 10C
1495-034 OEIRAS

TODOS LOS DÍAS:
12:00 – 00:00
MIÉ: cerrado
+351 21 411 4063

20

IR AL CINE
EN LOS TEJADOS

Antes de fundirse en el océano, el sol pinta el cielo color de rosa en el ocaso y la noche se adueña de la ciudad. ¿Lo estás viendo? Se parece a la escena de una película: la introducción perfecta al cine al aire libre de Lisboa. En lo alto de un tejado, con la ciudad como tela de fondo, te instalas en una de las hamacas, cóctel en mano, listo para (re)descubrir un clásico, justo bajo las estrellas.

Se aconseja reservar.

 CINE SOCIETY, TOPO CHIADO
TERRAÇOS DO CARMO
1200-288 LISBOA

www.cinesociety.pt

21

PASAR LA NOCHE
EN EL DAMAS

En la familia de los modernos, pregunta por Damas, el hermano pequeño fiestero. Detrás de la luz de neón rosa de la entrada, Damas vive en dos salas, dos ambientes. En la primera, un bar-cantina que mira hacia Oriente Medio y ofrece ricos platos y cócteles excelentes. En la segunda, la sala que está al fondo y a la que llegas cruzando un pasillo totalmente oscuro, conciertos minimalistas, sonido underground y DJ sets animan a la fauna moderna estilo "los 90 han vuelto". El lugar indicado para decir que la noche es joven.

CRÉDITOS: JORGE MATRENO FOR DC/AC

DAMAS
R. DA VOZ DO OPERÁRIO 60
1100-621 LISBOA

MAR: 13:00 – 02:00　　　DOM: 18:00 – 00:05
MIÉ – JUE: 18:00 – 02:00　LUN: cerrado
VIE – SÁB: 18:00 - 04:00

22

PASEAR POR
LA ESTUFA FRIA

Al norte del parque Eduardo VII, los invernaderos recuerdan a los cuadros de Douanier Rousseau. Sus altas plantas acarician el cielo, o casi - requisito de invernadero, el entramado de madera hace las veces de tejado... pero deja pasar la luz. Recomendamos ir cuando empieza a caer el sol, cuando está anocheciendo y el cielo está rosa. Cabe destacar: a la izquierda del camino central, una puertecita que da al invernadero árido y al tropical. Árboles de plátanos gigantes, cactus que desafían las reglas... ¿Dónde estamos? En el corazón de la ciudad.

CRÉDITOS: ROXANE DE ALMEIDA @LAROXSTYLE

 **ESTUFA FRIA**
PARQUE EDUARDO VII
1070-051 LISBOA

HORARIO DE VERANO: TODOS LOS DÍAS: 10:00 – 19:00
HORARIO DE INVIERNO: TODOS LOS DÍAS: 09:00 – 17:00

23

TOMARSE UNA COPA
EN UN BURDEL

Una confidencia un poco atrevida: la genial serie francesa *Casa de citas* se rodó entre los muros de este antiguo palacio morisco. Viendo el estilo neo-orientalista que se extiende desde las columnas hasta los frescos, no es difícil entender por qué lo eligieron como decorado del burdel *El Paraíso*. Hoy, el palacio alberga un enorme *concept store* dedicado a los jóvenes creadores portugueses... Y puedes incluso tomarte un *gin-tonic* en el mismo sitio donde las "chicas" de Casa de citas bebían champán.

CRÉDITOS: SAMUEL CASTELO

EMBAIXADA
PRAÇA DO PRÍNCIPE REAL 26
1250-184 LISBOA

Horario del bar Gin Lovers & Less (distinto al del *concept store*):
DOM – MIÉ: 12:00 – 00:00
JUE – SÁB: 12:00 – 02:00

24

LA JOVEN CUSTODIA
DE LA CERÁMICA

La historia de las fundadoras de Se.di.men.to, Maud Téphany y Ursula Duarte, habla de reconversión. Ambas cambiaron sus vidas de detrás del ordenador (diseño web para una, arquitectura para la otra) por una nueva con las manos en la tierra. Y en cuanto a la cerámica, no se limitan a hacer o a vender preciosos objetos en su tienda-taller: también utilizan el espacio para compartir su pasión en los talleres que realizan para todos los públicos.

SE.DI.MEN.TO
TRAVESSA SANTO ILDEFONSO, 31
1200-667 LISBOA

LUN – MAR – JUE: 11:00 – 21:00
MIÉ – VIE – SÁB – DOM: 11:00 – 18:00

SE.DI.MEN.TO

25

3 TABURETES,
1 BAR

En lo que se refiere a licores portugueses, hay todo un mundo más allá del oporto. Y en ese mundo, la *ginja, ginjinha* o licor de guindas ocupa el podio. La del bar Ginjinha Sem Rival (ginjinha sin rival), abierto en 1890, se fabricó durante mucho tiempo en la trastienda. Y desde el siglo XIX, la pregunta que le hacen a los clientes de la barra sigue siendo la misma: *"Com o sem selas?"* "¿Con o sin guindas?" Te aconsejamos con – ¡incluso (sobre todo) si es traicionero! Te servirán un vasito lleno a rebosar, lo impone la tradición. En cuanto a si es la mejor ginjinha, basta con que cruces la calle para probar la del vecino...

GINJINHA SEM RIVAL
R. PORTAS DE SANTO ANTÃO 7
1150-268 LISBOA

LUN – VIE: 08:00 – 00:00
SÁB – DOM: 09:00 – 00:00

PALÁCIO BELMONTE

MEMMO ALFAMA

26

DORMIR CON LISBOA
A TUS PIES

¿Poner tu cita con Lisboa en pausa durante la noche? No, gracias. Elige más bien dormir con Lisboa a los pies de tu cama y abrir los ojos con las mismas vistas, versión diurna. Estas son nuestras habitaciones favoritas:

MEMMO ALFAMA

El hotel se esconde en Alfama, al final de un callejón sin salida con adoquines irregulares. En la azotea, te sumerges en la piscina roja para dar algunas brazadas con vistas. Y en las habitaciones 31 y 33, Alfama está justo ahí, a los pies de la cama, laberinto de tejados que descienden hasta el Mar de la Paja.

CRÉDITOS: MARKO ROTH (PALÁCIO BELMONTE)
MANUEL GOMES DA COSTA (MEMMO ALFAMA)

 **MEMMO ALFAMA
TV. MERCEEIRAS 27
1100-348 LISBOA**

150 – 360 €/ noche   +351 21 049 5660

PALÁCIO BELMONTE

Lisboa, principios del siglo XVIII. Valentim de Almeida realiza unos magníficos azulejos en los muros de este palacio. Tres siglos más tarde, duermes en una suite principesca llamada Ricardo Reis, como uno de los nombres fingidos de Pessoa. Por si esto fuera poco, tu habitación se prolonga en una terraza con vistas al jardín del hotel, a los tejados de Alfama y al Tajo, siempre...

CRÉDITOS : MARC VAZ (DERECHA)
MARKO ROTH (IZQUIERDA)

PALÁCIO BELMONTE
PÁTIO DE DOM FRADIQUE 14
1100-624 LISBOA

500 € – 3 000 €/noche | +351 21 881 66 00

TOREL PALACE

Un precioso hotel en lo alto de la colina Sant'Ana, a pocos pasos del Jardím do Torel. Además de la terraza, de la piscina y de la inmensa paz que te esperan sea cual sea tu habitación, sí que te aconsejamos que reserves la habitación 6, 8 o 28. Ventanas grandes, balcón pequeño y unas vistas impresionantes del corazón de la ciudad.

CRÉDITOS : TOREL PALACE

TOREL PALACE
R. CÂMARA PESTANA 23
1150-082 LISBOA

110 – 350 €/noche   +351 21 829 0810

MEMMO ALFAMA

27

CAFÉ PEQUEÑO,
ESQUINA GRANDE

Explorar, caminar, subir, correr: muy bien, pero ¿y dónde descansa uno de todo este trajín? Pues aquí, entre los muros de este café, debajo de un teatro. Haces una paradita aquí, en un sofá frente a las cristaleras, en lo que te baja el ritmo cardiaco, te abstraes un rato y te bebes un latte con Lisboa en versión panorámica frente a ti.

CAFÉ DA GARAGEM
TEATRO TABORDA
COSTA DO CASTELO 75
1100-178 LISBOA

MAR – VIE: 17:00 – 00:00
SÁB – DOM: 15:00 – 00:00

CAFÉ DA GARAGEM

28

PASTEL DE NATA VS PALMIER:
UN ENCUENTRO AZUCARADO

PASTEL DE NATA

Si Lisboa tuviese un sabor sería el del pastel de nata. Sí, pero resulta que lo inventaron las religiosas del convento de Belém en el siglo XIX (época en que Belém quedaba lejos de Lisboa). La "pastelaria de Belém" mantiene la tradición desde 1837 y vende estos pasteles, conocidos como pastéis de Belém, a hordas de turistas que vienen a probar el original, por el que todo empezó. Esperar mucho no es ninguna fatalidad, en la pastelería-salón de té Aloma, que ha ganado varias veces el premio al mejor pastel de nata, se elaboran al minuto, se sirven templados, espolvoreados con canela y se comen en la barra en menos tiempo de lo que se tarda en escribir su nombre. Los más pacientes pueden degustarlos a la hora de la merienda en el fantástico Jardim da Estrela, muy cerca.

PASTELARIA ALOMA
R. FRANCISCO METRASS 67
1350-013 LISBOA

LUN – DOM: 07:00 – 20:00

 PASTELARIA O CARECA
R. DUARTE PACHECO PEREIRA 11D
1400-139 LISBOA

MIÉ – LUN: 08:00 – 20:00
MAR: cerrado

PALMIER

Encima de Belém, en el barrio de Restelo, la Pastelaria O Careca es como una institución local. Los asiduos se apresuran donde "el calvo", el apodo que le pusieron al que abrió el local en 1954. ¿El precio del éxito? Ahora tienes que coger un *ticket* en la entrada y esperar tu turno unos minutos, el tiempo necesario para ver bien lo que tiene el impresionante escaparate antes de elegir la especialidad de la casa: el palmier (la palmera). Pero no cualquiera. La mejor palmera de la ciudad, el justo equilibrio de una pasta perfectamente hojaldrada, tostada, ligeramente caramelizada, crujiente y dulce.

29

HABLAR
CON DESCONOCIDOS
EN EL PROCÓPIO

Desde 1972, la puertecita roja de este bar nocturno ha visto entrar a muchos iniciados que han venido aquí a perder la noción de la época. De hecho, en la salita donde los camareros revolotean pajarita al cuello, los estilos y los siglos se mezclan entre sí: las lámparas de pasamanería rozan las butacas, las baratijas se codean con ilustraciones de los años 30... Para no perderte nada del espectáculo, siéntate en la mesa que está al fondo sobre una pequeña tarima, o en el bar, mientras te tomas una caipiriña o una *Amendoa Amarga*. Importante: como todavía estamos un poco en 1972, se puede fumar.

 PROCÓPIO
ALTO DE SÃO FRANCISCO 21
1250-228 LISBOA

LUN – VIE: 18:00 – 03:00
SÁB: 21:00 – 03:00
DOM: cerrado

30

COMO ESTAR EN CASA
(DE UNOS PORTUGUESES)

Bienvenido a casa de Zé, que deleita a su gente desde hace veinte años. En esta sala repleta de fotos de familia (entiéndase, los clientes frecuentes), a la persona que viene sola se le suele decir: "Para ti, media ración. Es mucho, pero no podemos cocinar menos cantidad".

Sobre el mantel de cuadros aterriza un bacalao al horno, escoltado por guisantes, patatas, chips de cebolla, todo generosamente rociado de aceite de oliva. Suficiente para alimentar... a toda una familia, precisamente. Pero lo mejor es ver a los grupos de portugueses, de todas las generaciones y orígenes pasarse los platos en las grandes mesas, en una maravillosa algarabía familiar.

Para verlo, hay que llegar a las doce en punto. E incluso llegando a esa hora, tal vez tengas que esperar en la calle, bebiendo un vaso de vino blanco frío...

 ZÉ DA MOURARIA
R. JOÃO DO OUTEIRO 24,
1100-341 LISBOA

LUN – SÁB: 12:00 – 16:00
DOM: cerrado

En la colección "Soul of", el 31° lugar no te será
revelado nunca porque es demasiado confidencial,
te toca a ti dar con él.

31

CENA
CLANDESTINA

Google Maps es categórico: «ha llegado a su destino». Y sin
embargo no hay nada, ni un cartel. Para dar con el restaurante,
vas a tener que echar un vistazo a la primera planta de las casas
desde la calle. Donde veas luz y ajetreo, es ahí, sube.

Lo que te espera vale su peso en tallarines: un apartamento lleno
de mesas de curiosos que han venido a cenar de incógnito. En
los platos, la cocina de Shandong, provincia del este de China.
Tal vez no sea la gastronomía más refinada, pero lo insólito de la
experiencia hará que se te olvide rápido...

 **UNA PISTA: ESTÁ EN EL BARRIO CALÇADA
DO MONTE EN LISBOA**

MUITO OBRIGADO / MUCHAS GRACIAS

Jérôme C, João-Maria MS, Sofia M, Peter O, Chloé S, Miguel C, Miguel J, Alexander W, Nelson P, Rita A, Luca P, Ruben O y Anne-Laure B

Este libro es obra de:
Fany Péchiodat y Lauriane Gepner, autoras
Nathalie Chebou, jefa de proyecto
Coline Girard, ilustradora
Paula Franco @lisbonbylight, fotógrafa
Andrea Nuñez @andreannu, fotógrafa portada
Stéphanie Benoit, diseño
Clémence Mathé, edición
Patricia Peyrelongue, traducción
Milka Kiatipoff, corrección de estilo
Anahí Fernández, revisión de textos

Puedes escribirnos a contact@soul-of-cities.com
Síguenos en Instagram @soul_of_guides